감자꽃 필 무렵

한영필 시조집

오늘의문학사

감자꽃 필 무렵

서문

설익어 떫은맛도 제대로 아닌 글인데,
어느 날 신인작품상 당선 통보를 받았다.
순간 눈시울을 적셨다.

이 순간도 그렇다.
지난날이 너무 서러웠기 때문일까.
강점기 동족상잔 아린 세월에
고향도 좋은 추억도 없는 듯하다.

지필묵이란 내 친구 참 진군자이다.
내가 앙알대면서 불평을 해대도
그대는 내게 이렇게 좀더 가까이 오라 한다.

서릿발 하얀 국화꽃의 한 마리 나비가 되어,
시심으로 봉사하며 나도 한송이 꽃으로 남고 싶다.

2009. 봄. 저자

‖ 차례 ‖

서문 ··· 13
해설‖그림과 시조를 통한 예술가의 진정성 ············· 19

제1부 진달래 한 아름

진달래 한 아름 ·· 35
잊었던 세월 ·· 36
접시꽃 ··· 37
분꽃을 보며 ·· 38
감자꽃 필 무렵 ·· 39
난(蘭) ··· 40
꽃밭을 만들면서 ······································ 41
고운 임 오실까 ·· 42
달빛 ··· 43
그린하우스 동산에 ···································· 44
어깨동무 ··· 45
간밤 일기 ·· 46
빨간 옷의 소녀 ·· 47
매미의 울음 ·· 48
머슴살이 ··· 49
백로 ··· 50
다송(多松) 1 ·· 51
다송(多松) 2 ·· 52
율림산방에서 ·· 53

제2부 누이가 사는 마을

검정 고무신 ………………………………………… 57
초등학교 시절 ……………………………………… 58
키 쓰고 바가지 들고 ……………………………… 59
어린 시절의 봄날 ………………………………… 60
그때 그 시절 ……………………………………… 61
찹쌀 떡 메밀 묵 …………………………………… 62
학교 종소리 사라지고 …………………………… 63
벌초길 ……………………………………………… 64
솔치 고개 …………………………………………… 65
빈 집 ………………………………………………… 66
청천 장날 어머니 ………………………………… 67
어머니시여, 하늘이시여 1 ……………………… 68
어머니시여, 하늘이시여 2 ……………………… 69
누에를 기르며 ……………………………………… 70
49제를 지내며 ……………………………………… 71
고모님을 그리며 …………………………………… 72
누이가 사는 마을 ………………………………… 73
아내 생각 …………………………………………… 74
욕심 ………………………………………………… 75
자식들아, 이 애비는 ……………………………… 76
기다린 세월 ………………………………………… 77
초승달 ……………………………………………… 78

제3부 대청호 수몰지구

늘티의 봄 83
빈 배 84
대청호 수몰지구 85
산장(山莊)에서 1 86
산장(山莊)에서 2 87
산장(山莊)에서 3 88
독행(獨行) 1 89
독행(獨行) 2 90
대합실에서 91
입원실에서 92
수통골 93
부처님 앞에서 94
초여름의 할머니 1 96
초여름의 할머니 2 97
초여름의 할머니 3 98
서울에서 온 손님 99
농촌 풍경 100
신사(新射) 101
국궁(國弓)의 과녁을 대하며 102
시위를 당기며 103
흑백 104

제4부 어천리 논배미

비단벌레	107
첫 사랑	108
몸 바쳐서	109
대장간	110
계룡건설 현장에서	111
겉 희고 속 검으니	112
재활용	113
어천리 논배미	114
동충하초	115
1983년 7월 이산가족 첫 방송	116
동방의 아침	117
태국인 노동자	118
살기 좋은 금남 축산마을	120
세월의 흔적	121
한묵회 축제에 붙여	122
그림자	123
청원군 부용면 산수리	124
새벽종	126
최익현 사당	127
백봉학교	128
큰 손으로 베푸시는	129
낙과	130
연화사 자비원	131

제5부 시골버스와 노인들

금강원 ····· 135
국궁(國弓, 활) ····· 138
대추나무 사랑 걸렸네 ····· 140
시골버스와 노인들 ····· 142
빼앗긴 내 친구 ····· 145
이대로 좋아 ····· 148
한심한 세상 ····· 149
태극기 사랑 ····· 151
무궁화 사랑 ····· 153
장례식 문화 바꿔야 해 ····· 155

■ 작품해설

그림과 시조를 통한 예술가의 진정성
- 한영필 시인의 시조세계

문학평론가 리 헌 석
(사단법인 대전예술단체총연합회 회장)

1. 그림과 시조의 조화

한영필 시인은 1938년 평안남도 순천에서 태어나고 자란다. 서울에 유학하여 동의 전문 2년을 수료하고 사업가로 나선다. 그러던 중 1988년에 대전에서 오당 이영래 선생을 만나 문인화를 사사하고, 여러 공모전에서 입상을 하여 추천작가와 초대작가로 우뚝 선다. 그가 상을 받은 대회는 한국문화예제제, 아세아미술대전, 국제미술협회 미술대전, 충북서예대전, 대한민국 서예대전, 한국민족 서예대전, 대전광역시 서예대전, 대한민국 문인화 공모전 등이다. 현대문인화회 회장을 역임하고, 현재는 한국묵화회 회장을 맡아 서예와 문인화의 발전에 기여하고 있다.

문인화의 창작에 집중하던 그가 고희(古稀)를 맞아 새로운 분야인 문학에 관심을 갖는다. 자신의 내면을 담아내는 예술 장르로 시조를 선택하고, 시조 작품을 여러 편 창작하여, 2007년에 문학전문지 《문학사랑》의 신인작품상을 받아 등단한다. 문인화에는 화제(畵題)를 붙이고 낙관(落款)을 하는 것이 관습화되어 있다. 그는 평소에 그림과 시의 조화를 구하여 왔기 때문에, 짧은 시형에 의미를 담아낼 수 있는 시조 작품에 매료된 듯하다.

> 실크에 그린 그림
> 세월 속에 묻힌다.
>
> 매화 장미 모란 그려
> 언뜻언뜻 펴 놓고
>
> 설레는 마음 달래려
> 화심 속을 엿본다.
>
> ―「달빛」 전문

화가의 내면과 습성을 '달빛'에 의탁하여 멋지게 표현한 시조 작품이다. 화가거나 시인이거나, 혹은 다른 예술가들도 훌륭한 작품을 빚기 위해 수없이 천착(穿鑿)을 하고, 각고(刻苦)의 노력을 기울여 작품을 완성하게 마련이다. 한영필 화백도 그러한 자세를 노래하고 있다. 화백은 비단(실크)에 그림을 그려놓고, 오랜 기간 발표하지 않은 채 묵혀 둔다. 매화라든가, 장미라든가, 모란이라든가, 이러한 꽃을 그려놓고 가끔씩 꺼내어 그림을 감상하기도 하고, 부족한 부분을 보완하여 완성하려는 예술가의 진정성이 보인다.

1988년에 미술계에 발을 들여 놓았으니, 화력(畵歷) 또한 20여 년의 세월이 흘렀고, 수많은 전시회에 작품을 발표하였지만, 개인전은 2009년 4월에 처음으로 개최한다. 이는 작품 하나하나를 세월 속에 묻어놓고, 다시 꺼내어 완성한 후에 발표하려는 예술가적 기질에 연유한다. 이러한 바탕에서 새롭게 시작한 시조의 창작으로 그는 활력이 넘친다. 이렇게 창작한 그의 시조를 읽어가며, 한영필 시인의 지향과 정서를 확인하기로 한다.

2. 예술가의 진정성

2.1 평안남도에서 남하(南下)한 한영필 시인에게는 찾아갈 수 없는 고향에 대한 애상적 정서가 내면에 자리를 잡게 되고, 이러한 정서가 그림과 시조에 반영되어 나타난다. 그는 충청북도와 대전에서 오랜 기간 살았지만, 고향에 대한 그리움을 잊지 못한다. 특히 시골의 풍광(風光)을 대하면서 느끼는 서정의 분출은 안타까움을 동반한다.

어린 시절을 노래한 작품 「키 쓰고 바가지 들고」는 우리의 오랜 관습을 단형의 시조에 담아내고 있다. 그는 어린 시절에 오줌을 쌌는가 보다. 〈키 쓰고 바가지 들고/ 앞 집〉에 찾아갔는데, 앞집에 사는 사람이 〈소금 한 줌 담아 주며/ 부지깽이〉로 마구 때려서 자신도 모르게 눈물을 흘렸다는 것이다. 이러한 추억을 간직한 그는 고향에서 초등학교를 다닌다. 그는 〈소학교/ 여 선생님이/ 들려주던 풍금소리〉도 추억해 내고, 〈엄마는/ 사람 되라고/ 회초리〉를 들던 모습도 추억으로 살려낸다.

> 할아버지 발길 따라
> 입학하러 가는 길
>
> 한문을 배우느라
> 한글쯤은 떼었다.
>
> 피난 길
> 노래 몇 소절에
> 받아 버린 졸업장.
>
> ―「초등학교 시절」 전문

그 중에서도 초등학교(당시 일제시대의 소학교)에 다니면서 겪은 아픔은 시인의 가슴에 큰 울림으로 남아 있다. 일본이 패망하기 전이어서 학교의 종(鐘)도 공출(供出)로 떼어가서 「학교 종소리 사라지고」와 같은 작품이 빚어진다. 추억 속의 그 종소리는 〈한 모퉁이 돌아서/ 아슴하게〉 울리는 듯 환청에도 사로잡힌다. 그 전쟁의 와중에 피난을 다니다 보니, 학습이 제대로 이루어질 수 없었을 것이고, 그리하여 노래 몇 소절을 배우고 졸업장을 받게 된 상황이 작품에 투영되어 있다.

그 당시에는 일본의 수탈로 인하여, 우리 겨레 대부분이

의식주를 해결할 수 없을 정도로 가난하였다고 한다. 극심한 상황을 작품으로 그려낸 것이 「그때 그 시절」이다. 시인은 〈매미도/ 잡아먹었다〉〈비둘기도/ 구워먹었다〉〈모닥불/ 연기에서// 살모사도/ 익어갔다.〉〈배고파/ 겪은 서러움// 일제시대/ 그 시절〉이라고 기억한다. 설상가상(雪上加霜)을 노래하였을까, 「솔치 고개」에서는 할머니 치맛자락을 잡고 낯선 마을로 이사를 가는 서경과 서정이 뚜렷하다. 〈할머니는 연신 돌아보며/ 길눈을 넓힌다.// 일본으로 징용 떠난/ 아버지가 못 찾을까,// 마음이 하 서러웠던가,/ 울음 터친 할머니〉가 작품 속에 생생하다. 이러한 작품을 읽으며, 독자들은 애상적 정서에 공감하여 눈물을 흘릴 것이다. 이렇듯이 단형의 시조에 감동적인 정서를 담아내는 것이 한영필 시인의 장점이다.

2.2 한영필 시인은 예민한 감성으로 시조를 빚는다. 천성적으로 풍부한 감성을 타고 나서 감동적인 작품을 창작하는 시인도 있고, 후천적으로 갈고 닦아서 훌륭한 시를 빚는 시인도 있는데, 한영필 시인은 전자에 속하는 것 같다. 어떠한 사물을 바라보든지, 서정이 넘치는 작품으로 형상화하는 천부성을 발휘한다. 시조를 창작한 지 2년 여의 기간 동안에 시조집을 발간할 정도로 많은 작품을 빚었으며, 작품마다 그만의 시각과 감성이 드러나 있다.

그는 생활 속에서 마주치는 여러 사물에 의탁하여 그리움의 정서를 담아내는 묘법(妙法)을 터득하고 있다. 〈마음의 환한 둘레에/ 꽃밭〉을 만들면서 〈부드러운 미소 담아/ 꽃씨〉를 뿌린다. 이렇게 만든 꽃밭에서 〈따뜻한/ 손길이 닿으면/ 활짝 웃고 돋겠지요.〉라는 기대감을 표현하여, 그의 작품 「꽃밭을 만들면서」가 완성된다. 이러한 형상화는 여러 작품에서 산견(散見)되는데, 그의 예민한 감성과 예술적 기질이 융합한 결과물이라 하겠다.

> 말소리가 노래 같은
> 한 여인이 살았지.
>
> 잊었던 세월 속에
> 보고 지운 그 얼굴
>
> 만날까
> 아니 잊을까
> 가슴 콩당 두 근 반.
>
> — 「잊었던 세월」 전문

고희(古稀) 무렵의 연치(年齒)에 이르렀어도, 한영필 시인은 그리운 사람을 생각하며 가슴이 콩당거리는 순수를 노래한다. 말을 할 때마다 목소리가 노래 같은 여인, 잊었던 세월 속에서도 잊혀지지 않는 여인, 그 여인을 생각만 해도 가슴이 콩당거리는 시인의 지고지순(至高至純)을 보여준다. 이는 여타의 작품에서도 드러나는데, 「접시꽃」을 보면서 〈당신이 오실 날〉을 기다리는 시심, 「분꽃」을 보면서 〈언덕에 긴 그림자/ 향기 품은 노래들〉을 추억해 내는 시심,

「진달래 한 아름」을 보면서 〈살며시/ 웃음을 띠는/ 그대 있어 행복한 날〉을 맞이하는 시심 등이다.

특히 시집의 제목이기도 한 「감자꽃 필 무렵」에서는 서경과 서정이 어우러진 화음(和音)으로 특별한 감동을 생성(生成)한다. 〈감자꽃이 피어나고/ 뻐꾹새가 울어대면// 청보리 누릿누릿/ 산촌에도 볕이 든다.〉는 부분에 이르러 아름다운 산촌의 초여름을 만나게 한다. 그러면서 〈어느 곳에서 만나 볼까/ 보고 싶은 사람들〉〈서로 못 잊어 서성이는/ 마을 고샅 그림자들〉에 이르면 실향(失鄕)의 아련한 정서를 환기하여 공감대를 형성한다. 그리하여 「난(蘭)」에서 말하는 〈순수하고 정갈한/ 사랑〉을 작품으로 노래하여 새로운 감동을 빚는다.

2.3 한영필 시인은 가족에 대한 사랑을 노래하는 작품을 여러 편 창작하였는데, 어머니에 대한 그리움을 노래한 것이 더욱 각별하다. 많은 사람들이 모성(母性)을 그리워하고 노래하는 것은 생명의 근원에 대한 영원한 향수에서 비롯된 것 같다. 그는 이승에 계시지 않아 더욱 절절한 그리움으로 남아 있는 어머니를 작품에 투영한다. 〈어머니가 걱정되어서/ 찾아간 시골집〉에는 〈녹슨 문고리에 자물통〉만 매달려 있다. 〈울타리 없는 마당에는/ 늙은 오이 두어 개〉가 시인을 반기는데, 그 오이에서 〈어머니 살아오신 옛 모습〉을 연상한다. 그러면서 쪽마루에 걸터앉아서 '불효막심'을 뉘우친다. 이것이 「빈 집」의 중심이다.

「청천 장날 어머니」에서는 〈김 한 톳 조기 한 마리/ 할아버님 제삿날〉에 〈곱 집어 돌아와도/ 숨 가쁜 30리길〉을 단숨에 다녀오신 어머니를 그린다. 〈깡 조밥 한 그릇에/ 된장덩이 반찬〉으로 시장기를 살짝 지우시고, 밭에 나가서 김을 매던 어머니를 회상한다. 「어머니시여, 하늘이시여」에서는 일본의 강제 노역에 끌려가신 아버지를 기다리는 어머니의 한(恨)을 형상화한다. 홀로 가정을 이끌며 자녀들에게 월사금을 주어 공부를 시키신 고마움과 그에 보답하지 못하는 자신의 불효함을 작품으로 빚어낸다. 「49제를 지내며」에서는 〈88세 연세로/ 조상 찾은 저승길〉을 지나 먼저 작고하신 아버지와 '상견례' 하시기를 기원하는 마음이 절절하다. 동시에 〈아들 딸 걱정〉을 하지 말고 편안하게 계실 것을 주문하는데, 〈스님의 목탁소리〉에 눈물을 글썽이는 내면을 그려내고 있다.

>오솔길 고개 너머
>누이 사는 강 마을
>
>샛강이 가로누워
>햇살과 노니는데
>
>누이는
>수줍음을 타며
>진달래로 피어난다.
>　　　　　　 ―「누이가 사는 마을」 전문

누이를 그리워하는 마음이 사실적으로 묘사되어 있다. 누이가 사는 강 마을은 강의 건너편에 있었는가 보다. 그래서 시인은 샛강을 건너지 못하고, 강물 위에서 반짝이는 물비늘을 바라볼 뿐이다. 물 위에서 반짝이는 윤슬이 아름다워서 더욱 큰 그리움을 형성한다. 어떻든 현실적으로 만날 수 없는 그리움 때문에 애를 태우는 시인 곁에 진달래꽃이 피어 있다. 이 진달래를 바라보면서 그는 수줍은 누이를 연상한다. 이러한 서정은 「아내 생각」에서도 유사하게 드러난다. 〈어부동 가는 길에/ 송이 작은 꽃동산〉을 만난다. 그 길을 걸으면서 시인은 아내를 생각한다. 특히 성인병으로 고생하는 아내에게 좋을 성싶은 달맞이꽃에 시선이 머문다. 이렇듯이 그는 온갖 사물과 그리운 사람들을 오버랩하여 감정을 고조시키는 묘법으로 작품을 빚는다.

자신의 이러한 정서를 바탕으로, 그는 자녀들에게도 작은 「욕심」을 갖는다. 〈백발의 석양 빛〉을 띤 모습으로서, 그는 〈아들 딸/ 손자들에게/ 영원 복락〉을 비는 평범한 노인을 자처한다. 이와 함께 약간의 상실감으로 인하여 서운한 정서를 작품에 담는다. 「자식들아, 이 애비는」에서 〈늙은 애비 걱정은/ 두어 줄도 안 되는가〉라고 묻고, 〈허리띠를 졸라매고/ 푼돈 모아〉 기른 공을 확인시키면서, 〈자식들/ 울타리 삼아/ 기른 마음이 허허롭다.〉고 실망을 감추지 않는다. 이렇듯이 한영필 시인은 자신의 정서와 생각을 자연스럽고 진실하게 작품으로 빚어낸다.

2.4 한영필 시인은 한국인다운 정신적 지향에 이르기 위해 국궁(國弓)에 매진한다. 사대(射臺)에 오르고, 활의 시위를 당긴 다음 화살을 날려서 과녁에 이르는 것도 중요하겠지만, 우리의 선조들이 누천년 지켜온 국궁의 문화적 계승이 더 소중함을 노래한다. 또한 국궁을 대할 때의 엄숙함과 집중력은 삶의 중심을 이루는 중요한 바탕이기도 하다. 그리하여 국궁은 우리의 얼을 지키는 중심 키워드로 기능한다.

그가 국궁에 입문(入門)하였을 때의 내면을 그린 작품이 「신사(新射)」인데, 이는 새로 시작하는 초보 궁사라는 의미이다. 활의 시위를 당길 때 〈볼때기를 할퀸다/ 팔꿈치를 비껴 친다// 멍든 자리 피가 터질 듯/ 초보자의 서러움〉을 토로한다. 그러나 〈명궁(名弓)을 소망하며/ 활〉을 들고 다시 사대에 나서게 되고, 그렇게 오랜 세월을 단련하면 〈타타탁/ 5시(矢) 5중(中) 겨누며/ 가슴 벅찬 환희〉를 맛보게 된다. 「시위를 당기며」에서도 〈밀고 당기는 줄/ 단전에 숨 가두고/ 배꼽에 힘을 주어/ 초점을 맞춘다// 시위를/ 당겼다 놓으면/ 관중으로 파고든다.〉고 노래하여 명중의 쾌감을 노래한다.

> 태양은 타오르는데
> 잠 못 이룬 영령들.
>
> 궁사가 시위 당겨도
> 과녁을 비켜가네.

잠에서
깨어났으면
제자리를 지켰으면.
　　　　　　　－「동방의 아침」 전문

　시인은 궁사로서 활을 쏘는 자체의 쾌감에 머물지 않고, 세상에 대한 비판의식을 담아낸다. 우리 사회, 나아가 우리나라의 현실을 직시하면 과녁을 지나쳐 빗나간 화살과 같다. 그래서 모든 사람들이 미망(迷妄)에서 깨어나 자신의 자리를 지켜 줄 것을 소망한다. 이러한 비판 의식은 「흑백」에서 확연하게 드러난다. 〈답답한 세상에서/ 억울해도 할 수 없다.// 주고 받은 세상사/ 오리발이 분명하다// 권력과/ 재벌이 만나/ 짝짝꿍을 이룬다.〉고 금(金)과 권(權)의 유착(癒着)을 경계한다.

　그러나 비판적 분노는 종교와 만나 새로운 세계를 열망(熱望)한다. 노년에 그는 충청남도 공주시 우성면 죽당리에 있는 「연화사 자비원」에서 노인 환자들을 돌보며 봉사활동을 한다. 그 곳에서 편안하게 지내는 노인들을 보면서, 그는 〈연화사 부처님은/ 슬픔을 달랜다〉고 찬양한다. 연화사 자비원을 운영하는 정관 스님에게도 한없는 존경심을 표출한다. 〈정관 스님 보살핌에/ 수명〉을 이어가는 원생들을 보고, 세상을 구원하는 현장에서 봉사하고 있음을 고마워한다. 이곳에서의 봉사가 생애 마지막 봉사가 될는지도 모른다고 밝히면서, 그는 하루하루 최선을 다한다.

3. 서정적 지향과 자세

한영필 시인은 남북 분단의 고착(固着)으로 인하여 고향에 갈 수 없는 실향민이다. 살아생전에 갈 수 없는 고향, 그 고향을 잃은 상실감, 또한 만날 수 없는 고향 사람들에 대한 절절한 그리움이 그로 하여금 감동적인 시를 빚게 한다. 생활 속에서 만나는 온갖 사물에 자신의 희로애락을 이입시켜 작품으로 빚는데, 그 바탕은 실향의 애상적 정서라 하겠다.

「1983년 7월 이산가족 첫 방송」에서 그는 실향민의 폭발적 정서를 표출한다. 〈하늘도 울었다/ 땅도 또한 울었다// 피 솟구쳐/ 울었다.// 가슴 아파/ 울었다.〉면서 절망한다. 그러나 절망을 넘으려는 분연한 모습을 보이기도 한다. 〈눈 감은/ 그 세월을 건너/ 죽었어도 같이 살자.〉는 역설적 절규에 이르러, 대부분의 독자가 몰입할 수밖에 없는 마력(魔力)을 보여준다.

> 뻐꾹새 울음에도
> 반가운 줄 모른다.
> 묵밭에 피는 망초
> 하얀 꽃이 더 슬프다.
> 눈물로
> 호미를 씻으며
> 고개 넘는 할머니.
> ―「초여름의 할머니 3」 전문

그에게 있어 농촌은 마음의 고향으로 자리한다. 특히 농사를 짓지 않아 묵은 전답을 보면 실향의 아픔처럼 그를 슬프게 한다. 연작 시조를 살펴보면 그의 정서가 분명해진다. 「초여름의 할머니 1」에서, 할머니는 '비탈진 화전'을 일구어 농사를 짓는데, 봄에 씨앗을 뿌리기 위해 〈씨오쟁이 이고/ 서성이는 할머니〉로 그려진다. 「초여름의 할머니 2」에서는 〈무너지는 가난 속에/ 계절마저 던져 놓고/ 한 평생 찌든 목숨/ 세월 지킨 아픔〉을 감내하는 할머니의 굳건한 모습을 그린다. 이 할머니는 〈농사가/ 근본〉이라는 믿음으로 삶의 터전으로서의 농토를 지킨다.

이처럼 근본을 지키려는 자세는 다른 작품으로 전이되어 나타난다. 그는 일본의 강압과 회유에 굴복하지 않고 순국(殉國)한 면암 최익현 선생의 사당을 찾는다. 사당 곁의 '우묵저수지'에서 일본의 만행(蠻行)에 분노한다. 〈푸른 산, 파란 하늘에도/ 가슴이〉 막히는 울분을 토하며, 저수지 물에 비친 구름에 자신의 반일(反日) 지향을 의탁한다. 이는 일본에 대한 우리 민족의 보편적 정서와도 닿아 있겠지만, 일제 시대에 강제 징용으로 끌려가서 작고한 부친을 그리워하는 절절함의 표출이기도 하다.

최근에 그는 두 번째 개인전을 열고, 첫 시조집을 발간하면서, 좋은 작품 창작에 대한 간절한 소망을 작품에 담는다.

초가 산장 담장에
오이 호박 올려놓고

문필봉 바라보며

작은 꿈을 가꾸는데

텅 빈 산
사람 없어도
꽃이 피고 물 흐른다.
─「산장(山莊)에서 2」 전문

그는 산고수려(山高水麗)한 지역에서 봉사하며 산다. 그가 봉사하고 있는 충남 공주시 우성면 죽당리는 사마산이 우뚝 솟아 있고, 그 옆으로 금강이 유유하게 흐르는 곳이다. 그곳에 작은 거처를 마련하여 아뜨리에 겸 집필실로 삼아 그림과 시조 창작에 전념한다. 그는 산촌의 한가로움 속에서 소박한 꿈을 가꾼다. 훌륭한 작품을 창작하고자 하는 바, '문필봉'에의 지향은 시인과 작가에게는 공통분모라 하겠다.

한영필 시인은 자신의 사상과 감정을 그림이나 글로 남기기 위해 지극지성을 다한다. 특히 무위자연(無爲自然), 무심(無心), 무욕(無慾)의 본령으로 기능하는 자연과 함께 물아일체(物我一體)의 경지에 이르러 자적(自適)하며 여생을 보내리라 믿는다. 그림 그리기와 시조 짓기가 창조적 고통을 수반하겠지만, 어려운 이웃에 대한 봉사로 행복할 것 같다.

제1부
진달래 한 아름

진달래 한 아름

고갯마루 지름길에
진달래가 흐드러졌다.

불 타는 가슴마다
기름 부어 재촉해도

살며시
웃음을 띠는
그대 있어 행복한 날.

잊었던 세월

말소리가 노래 같은
한 여인이 살았지.

잊었던 세월 속에
보고 지운 그 얼굴.

만날까
아니 잊을까
가슴 콩당 두 근 반.

접시꽃

눈보라 치던 나날
얼굴 하나 내어 놓고

당신이 오실 날을
다소곳이 기다립니다.

젖망울
부풀어 올라
속살마저 바칩니다.

분꽃을 보며

기쁨인가 수줍음인가
저녁노을 비껴가네.

언덕에 긴 그림자
향기 품은 노래들

사랑은
허수아비인가
분꽃 향이 그립다.

감자꽃 필 무렵

감자꽃이 피어나고
뻐꾹새가 울어대면

청보리 누릿누릿
산촌에도 볕이 든다.

모두들
떠난 마을에도
봄은 다시 찾는다.

어느 곳에서 만나 볼까
보고 싶은 사람들.

서로 못 잊어 서성이는
마을 고샅 그림자들

지금은
무엇을 할까
이 곳 생각에 젖을까.

난(蘭)

그대 모습 닮아서
가슴 또한 뜁니다.

그대 미소 보려고
다소곳이 기다립니다.

꽃대궁 올려붙이는
뽀얀 얼굴 그립습니다.

순수하고 정갈한
사랑이 잡힙니다.

할 수 없이 포기하다
되돌아서 바라봅니다.

꽃 향기 세상에 펼쳐
마음 또한 맑습니다.

꽃밭을 만들면서

마음의 환한 둘레에
꽃밭을 만듭니다.
부드러운 미소 담아
꽃씨를 뿌립니다.
따뜻한
손길이 닿으면
활짝 웃고 돋겠지요.

고운 임 오실까

고즈넉한 산방에
아름다운 향기 담아

오시는 날 기다려
어린아이가 됩니다.

사뿐히
꽃길을 밟는
천사님을 기다립니다.

고운 임 오실까봐
꽃동산을 만듭니다.

혼자라서 외로워도
꽃씨를 뿌립니다.

오늘도
행복한 날입니다.
그대 있어 신납니다.

달빛

실크에 그린 그림
세월 속에 묻힌다.

매화 장미 모란 그려
언뜻언뜻 펴놓고

설레는
마음 달래려
화심 속을 엿본다.

그린하우스 동산에

이브가 유혹하여
무화과가 떨어진다.

가지 하나 찢어지면
묵은 둥치 통곡하는

반백년
세월이 그리워
만나서 손잡는다.

마지막 잎새 하나
외로운 등불이다.

그리움처럼 남아서
속앓이를 펼친다.

한생을
돌아보아도
그 얼굴이 안 잡힌다.

어깨동무

함께하는
자리마다

정다운
웃음꽃

기쁨도
슬픔도

힘을 모아
손을 잡자.

더불어
살아가는 삶

햇살 맑게
웃는다.

간밤 일기

지난밤에 달빛이
살며시 내렸습니다.

온 들녘 나락 곁에도
포근히 내렸습니다.

안개가
솜이불처럼
감싸 안고 잠듭니다.

썰매에 올라타고
한없이 달리렵니다.

사랑하는 사람 찾아
끝없이 달리렵니다.

소망을
가득 안고서
밤새도록 꿈결입니다.

빨간 옷의 소녀
― 우체통에게

큰길 가 골목길에
눈과 비 맞고 섰다.

온몸이 젖어도 자리를 뜨지 않는 그대, 세상 일 모든 것을 품 안에 받아들여 눈물과 웃음을 주던 그대, 추억을 담아 맑은 마음과 푸른 꿈을 나누던 그대, 핸드폰 문자보다 연필로 쓴 정성이 더욱 감동적이라던 그대.

사연을
잊고 사는가
아쉬운 듯 서 있다.

매미의 울음

천일 기도 탈을 벗고
환생하려 세운 공.

숨 막히는 울음소리
공들인 보답인가.

그렇게
울음 울어 제키며
이슬 먹고 산다네.

머슴살이

굶주려 살던 시절
새경으로
일곱 가마니

처자식 따뜻한 정
집에 두고 팔려왔다.

소 몰고
쟁기를 지면
하루해가 저문다.

주인 아낙
이고 나온
반가운 새참 광주리

막걸리가 한 대접
수제비도 한 그릇

황소는
눈만 껌벅이며
허기진 배 달랜다.

백로(白露)

입추에 심은 메밀 분가루를 바른다.
하트로 장식하고 S라인으로 서 있다.
꿈꾸는
패션 쇼 워킹에
녹색 무대 설렌다.

햇살이 용광로처럼 들녘을 녹인다.
새하얀 드레스에 새까만 진주알들.
알알이
여무는 마음
하루해를 넘긴다.

높은 하늘 저 너머에 반짝이는 그리움
열두 폭 치맛자락 가슴마다 별이 돋고
메밀꽃
추풍을 맞아
일렁이는 숨결들.

다송(多松) 1

겨울 산 칼바람도
외롭게 이겨내고

한결 같은 자세로
처음 가진 마음들

소나무
벼랑 끝에 서서
설한풍을 이긴다.

다송(多松) 2

군자의 기상으로
푸른 손짓 힘을 얻고

바람에 땀 식히며
마주 보던 귀한 인연

덕 쌓은
소나무들이
천년 세월 나눈다.

율림 산방에서

살아온 칠십년
지금이 행복하다.

큰 집에 너른 마당
현판이 율림 산방

담홍색 알밤이 뚝뚝
공주지역 특산물.

서재에 만남 만발
오늘도 좋은 날

시 한 소절 잉태하여
그림 한 폭 출산하니

쪽방에 가득한 예향
미소 또한 새롭다.

제2부
누이가 사는 마을

검정 고무신

새로 삼은 짚신 신고
장에 가던 어린 시절

다이아표 검정 고무신
가슴에 안고 온다.

밤에도
다시 나와서
토방 위를 살핀다.

초등학교 시절

할아버지 발걸음 따라
입학하려 가는 길

한문을 배우느라
한글쯤은 떼었다.

피난 길
노래 몇 소절에
받아 버린 졸업장.

키 쓰고 바가지 들고

키 쓰고 바가지 들고
앞 집에 찾아 갔네.

소금 한 줌 담아 주며
부지깽이로 마구 때리네.

"도련님,
다녀오셨는가?"
나도 몰래 흐느꼈다.

어린 시절의 봄날

대추나무 뿌 돋으면
보릿고개 다 왔다네.
딸네 집에도 가지 말라고
전설처럼 내려온 말들,
소학교
여 선생님이
들려주던 풍금소리.

고즈넉한 마을에도
사연 많은 봄날이다.
탱자나무 울타리에
봄볕 같은 꽃망울.
바람이
시샘을 해도
차려내는 풍년 밥상.

그때 그 시절

매미도
잡아먹었다

비둘기도
구워먹었다.

모닥불
연기에서

살모사도
익어갔다.

배고파
겪은 서러움

일제시대
그 시절.

찹쌀떡 메밀묵

초가집 들창 길에
'찹쌀떡 메밀묵'

싸락눈이 내려도
정답게 들렸는데

이제는
들을 수 없어
맘속으로 외친다.

학교 종소리 사라지고

한 모퉁이 휘돌아서
아슴하게 울리네.

눈 바람 시오리 길
허리에 찬 책 보자기

어깨에
장작을 메고
난로 찾아 달린다.

바지 올린 종아리에
먹빛으로 새긴 자국

선생님의 아픈 마음
학생들은 알까 몰라.

엄마는
사람 되라고
회초리를 다시 드네.

벌초길

골안의 논밭에는
축사가 들어차고

폐가는 주인을 잃고
쑥대만 무성하다.

벌초길 예초기 소리
향수마저 일깨운다.

청년들 시끌벌쩍
아이들 깔깔 웃음

어디로 떠났는지
손톱으로 빚은 땅

무성한 잡초밭이구나
고향길이 허허롭다.

솔치 고개

할머니 치맛자락 잡고
낯선 마을로 이사 간다.

솔치 고개 오솔길로
눈물 흘리며 떠난다.

새 터에 둥지 틀자고
할아버지가 지으신 집.

할머니는 연신 돌아보며
길눈을 넓히신다.

일본으로 징용 떠난
아버지가 못 찾을까,

마음이 하 서러웠던가,
울음 터친 할머니.

빈 집

어머니가 걱정 되어서
찾아간 시골집에는
녹슨 문고리에 자물통만 매달리고
일하러 가신 모양이다.
아픔이 녹아내린다.

울타리 없는 마당에는
늙은 오이 두어 개.
어머니 살아오신 옛 모습을 돌아본다.
쪽마루 걸터앉아서
불효막심 되짚는다.

청천 장날 어머니

한참 가면 구방리
쉬어 가면 장기 바위

외딴 집 마을 지나
종종걸음 청천장

김 한 톳 조기 한 마리
할아버님 제삿날.

곱 집어 돌아와도
숨 가쁜 30리길

깡조밥 한 그릇에
된장덩이 반찬으로

시장기 살짝 지우시고
김매시던 어머니.

어머니시여, 하늘이시여 1

수제비도 못 떠먹어
쑥 버무리로 끼니 때워
콩과 팥 장에 내어
월사금을 주셨네.
어머니, 이 땅과 하늘이여
공돈인 줄 알았네.

현해탄을 건너신 후
어느 때나 오시려나,
눈(目)마저 짓물러서
까맣게 탄 가슴이네.
아버지 강제 노역에서
오실 날만 손꼽았네.

뙤약볕 고랑 타고
잡풀 뽑는 어머니,
시집을 다시 갈까
몇 생각을 하셨을까.
시부모 어린 남매가
불쌍해서 참으셨네.

어머니시여, 하늘이시여 2

섭섭한 일 많지만
가슴에 묻으시고
살아오신 어머니
모실 길이 전혀 없네.

때늦은 후회를 하네,
불효 막심 못난 놈.

7월이라 보름달빛
안고 가신 어머니
동행할 수 없는 길에
눈물로 보내 드리네.

뒤돌아, 보지 마세요.
불효 막심 눈물샘.

누에를 기르며

애기 누에
일곱 차례

밥을 주고
넉 잠 재워

다섯 살에
섶에 올려

하얀 고치
방울지네.

배고픈
보릿고개 넘어

우리 엄마
사또 행차.

49제를 지내며

한 마디 말도 없이
떠나가신 어머니.

88세 연세로
조상 찾은 저승길

상견례 잘 하셨나요?
보고 싶은 아버지.

좋은 인연 간직하고
나쁜 인연 버리시며

아들 딸 걱정일랑
염려 말고 계시소서.

스님의 목탁소리에
눈물 글썽 납니다.

고모님을 그리며

언제 다시 향불 피워
잔 잡아 올려 드릴까.

무심한 발길로
모두 다 돌아가고

그리운
고모님 그 미소
어찌 잊고 살아갈까.

애타게 부르짖는
애 터지는 울음소리

사바세계 못 이룬 꿈
저승에서 이루실까.

부처님
가피 안에서
미소 또한 머무실까.

누이가 사는 마을

오솔길 고개 너머
누이 사는 강 마을

샛강이 가로 누워
햇살과 노니는데

누이는
수줍음을 타며
진달래로 피어난다.

아내 생각

어부동 가는 길에
송이 작은 꽃동산.

풀섶 길을 걸으며
아내를 생각한다.

월견초 노란 색이다
성인병에 좋다 한다.

욕심

백발의 석양 빛
그 모습이 되었다.

반듯한
마음으로

맑은 피
수혈하여

아들 딸
손자들에게
영원 복락 빌어본다.

자식들아, 이 애비는

늙은 애비 걱정은
두어 줄로 안 되는가.

젊은 아내 걱정은
구구 절절 가득하다.

그래도
자식 걱정에
이르는 말이 차 조심.

허리띠를 졸라매고
푼돈 모아 길렀는데

못 배운 부모들은
입도 벙긋 못한다.

자식들
울타리 삼아
기른 마음이 허허롭다.

기다린 세월

예순 해를 넘기도록
울화통이 터진다.

위안부 악몽의 한
숯덩이로 사라진다.

고희를
뒤돌아보니
홀로 남은 슬픔이다.

삼대에 흘린 눈물
소리 없는 기다림

화염으로 침몰한
현해탄 귀국선

아버지
잔 올리면서
향연 속에 그린다.

초승달

초승달 실눈 웃음
피어나는 당신은
내 마음 가두는
아름다운 꽃입니다

말하는
벙어리지만
가슴에 담습니다

나 홀로 좋아하는
그림의 바람떡
보일 듯 보이지 않는
아주 맑은 빛의 향기

그리워
애절한 마음
음성조차 떨립니다

헤드폰에 새기어
보름달로 여물어

당신께 핸드폰으로
프로포즈 합니다

절구질
바심을 하며
행복 노래 부릅니다

제3부
대청호 수몰지구

늘티의 봄

햇빛이 따사로이
늘티에 내리시네.

산골 물 돌돌돌
바위옷도 푸르고

복사꽃 살구꽃 구름
하늘마저 취하네.

빈배

지난날이 그립다.
외따로 울고 싶다.

빈 배는 사공 잃고
말뚝에 묶여 있다.

흙먼지
날리는 대청호
물빛 바라 서 있다.

대청호 수몰지구

애향탑 노래말 위에
농가 점경 수몰지대

불을 끄고 눈 감으면
여울처럼 살아나네.

새벽 비
가슴을 적시며
나이테를 더한다.

산장(山莊)에서 1

앞산은 내 이마에
그림자로 입 맞춘다.

뒷산은 등에 업혀
두 손을 꼭 잡는다.

경칩이
가까워졌는지
봄이 꿈틀 일어선다.

산장(山莊)에서 2

초가 산장 담장에
오이 호박 올려놓고

문필봉 바라보며
작은 꿈을 가꾸는데

텅 빈 산
사람 없어도
꽃이 피고 물 흐른다.

산장(山莊)에서 3

겨울 맞은 산장의 마당
새하얀 종이 한 장

산비둘기 아장아장
오월 난초 그리고

산 토끼 깡충깡충 뛰며
설중 매화 그렸네,

독행(獨行) 1

폭죽을 터뜨린다.
연거푸 쏘아댄다.

박수 소리 없지만
공간을 조각낸다.

손등에
번진 주름처럼
하늘마저 부순다.

독행(獨行) 2

금남의 샛강은
햇살에 반짝이고

때 늦은 물오리는
귀향길을 떠나는데

외로운
백로 한 마리
계절마저 잊었다.

대합실에서

멀고 긴 여정에서
잠시 쉬었다 간다.

배롱나무* 꽃무더기
세월을 앞서는데

내 죽어
수목장* 할 때
하늘빛이 저러할까.

* 배롱나무--목 백일홍, 늦여름에서 가을까지 핌.
* 수목장--나무 숲에 모시는 장례.

입원실에서

나락은 여물었을까
조바심이 번쩍 든다.

"편안하게 쉬세요."
다사롭게 위로해도

송아지 앞세우던 길이
눈앞에서 어른댄다.

링거 줄을 바꾸어서
명줄을 또 잇는다.

휠체어에 의지하여
바람처럼 쏘다녀도

아파서 누운 가슴에는
괜한 걱정 투성이다.

수통골

수통골 가을이 발갛게 영글어간다.
물줄기 수반에
피라미떼 노닐고
산새는
깃털을 갈고
노래에만 열중이다.

묵향의 진한 인연이 그림자도 동색이다.
서른 해 아련한 세월
화선지에 뿌린 물감.
스승은
제자 가슴에
꽃을 달아 마음 주고

부처님 앞에서

증오도 불신도
지나간 수레바퀴
사랑도 용서도
돌아오는 수레바퀴
둥글게
마음을 비우고
오늘 하루 넘깁니다.

때 묻은 세월을
갈아엎고 다듬어서
부드러운 땅 위에
꽃씨를 뿌립니다.
한 세상
엉킨 실타래
풀어보며 지냅니다.

사마산 그늘 아래
해를 안은 금강 굽이
행복한 향기가
푸르게 자랍니다.

부처님!
간절하게 부르며
빈 머리를 숙입니다.

 * 사마산―충남 공주시 우성면 죽당리에 있는 산.
금강과 맞닿아 있음.

초여름의 할머니 · 1

비탈진 화전 곁에
봄볕이 쏟아진다.
등성이에 아지랑이
봄 마중을 나선다.
덩달아
씨오쟁이 이고
서성이는 할머니.

초여름의 할머니 · 2

무너지는 가난 속에
계절마저 던져 놓고
한 평생 찌든 목숨
세월 삼킨 아픔들.
농사가
근본이라던가,
터전 지킨 할머니.

초여름의 할머니 · 3

뻐꾹새 울음에도
반가운 줄 모른다.
묵밭에 피는 망초
하얀 꽃이 더 슬프다.
눈물로
호미를 씻으며
고개 넘는 할머니.

서울에서 온 손님

초대 받은 손님 한 분
서울 티를 번쩍 낸다.

서울말에 기 눌려서
술 한 잔에 상기되어

아서라.
새벽을 넘는
달 구경에 눈물 진다.

농촌 풍경

무선 전화로 주문하면
자장면이 배달된다.

논두렁에 걸터앉아
커피 향도 음미한다.

이앙기
모내기 할 때
축사 갇힌 황소들.

조상들 살던 지혜
역사 속에 묻어 놓고

아기 울음 볼 수 없어
노인들이 시름겹다.

추수는
트랙터에 맡기고
둘러앉은 둥구나무.

신사(新射)

볼때기를 할퀸다.
팔꿈치를 비껴 친다.

멍든 자리 피가 터질 듯
초보자 서러움.

홍심은
멀리서 웃으며
허튼 수작 말랜다.

명궁(名弓)을 소망하며
활을 들고 나선다.

학의 나래 쏨세로
올빼미처럼 노리며

타타탁
5시(矢)5중(中) 겨누며
가슴 벅찬 환희다.

국궁(國弓)의 과녁을 대하며

배꽃같이 하얀 얼굴
또렷한 검은 눈동자.

나는 너를 사랑한다. 네가 외면해도 나는 너를 사랑한다. 애써 다가가면 폭삭 주저앉고, 좀 더 다가가면 훌쩍 넘어가는구나. 가슴이 벅차올라도 숨을 멈추고 떠나보내야 하는 우리의 운명. 뿌리치고 떠나는 너를 훌쩍 보내고 후회하는 야속한 마음. 오니바람 촉바람 뒷바람 앞바람 핑계를 대보지만, 모두 내 탓이다. 너를 향한 일편단심으로 너를 사랑한다. 나를 외면하는 너를 비운 마음으로 사랑한다.

영산홍 얼굴이 되어
돌아서는 저녁노을.

시위를 당기며

눈 뜨는 희망으로
과녁을 향한다.
꼬리를 휘 젓는 게
깃 떨어진 화살이다.

추락의
운명이 땅 찍어
허탈함을 삼킨다.

밀고 당기는 줄
단전에 숨 가두고
배꼽에 힘을 주어
초점을 맞춘다.

시위를
당겼다 놓았다
관중으로 파고든다.

흑백

답답한 세상에서
억울해도 할 수 없다.

주고 받은 세상사
오리발이 분명하다.

권력과
재벌이 만나
짝짝꿍을 이루다.

제4부
어천리 논배미

비단 벌레

작아도 굳은 의지
생명 길을 열었다.

연두빛 뽕잎 먹고
잠자기를 서너 번

청솔향
가슴을 찾으면
부리나케 문을 연다.

첫 사랑

남겨 놓아야 할
따뜻한 마음들을

마지막 낙엽처럼
외로운 등불처럼

어느 날
아련하게 남아
되새기는 그리움.

몸 바쳐서

내 속살 다 파먹고
자라난 내 새끼들

거미줄에 얹혀서
엄마 그네 잘도 탄다.

다시는
환생 못하는
이 심정을 눈치챌까.

대장간

고을 입구 초막집
오일 장 농군 모아

밀어라 당겨라
풀무질 노역이다.

시커먼
숯불 덩이들이
불꽃을 내 품는다.

잘 익은 쇳덩이
올려놓고 곤장 친다.

대장의 지시대로
여기저기 장단 맞추어

지금은
보기 힘든 풍경
그 시절이 그립다.

계룡건설 현장에서

힘을 내어
일한다.

용트림이
활개 친다.

망치 소리
기계소리

계룡의
화음이다.

한반도
청사진처럼

삼위일체
빛난다.

겉 희고 속 검으니

갖다 주고 받은 것은
오리발이 분명하다.

답답한 세상에서
억울해도 할 수 없다.

권력과
재벌이 만나서
짝짝꿍을 이루었다.

재활용

폐품 모은 바구니에
스커트가 담깁니다.

20대일까, 30대일까,
숨 죽이며 셈합니다.

아마도
꿈이겠지요,
고운 살결 매만지던.

어천리 논배미

무성한 피 이삭이
머리를 내민다.

상놈이 양반 행세
눈꼴 뜨기 어렵다.

두어라
반상이 다르다.
행실 또한 목볼인견.

동충하초

뽕잎 먹고
자란 은공
비단으로 갚았는데

몸에 좋다
어린 녀석
빨리 커라 간절하네.

온몸에
종균을 넣어서
동충하초 거듭남.

1983년 7월 이산가족 첫 방송

하늘도 울었다
땅 또한 울었다.

피 솟구쳐
울었다.

가슴 아파
울었다.

눈 감은
그 세월을 건너
죽었어도 같이 살자.

동방의 아침

태양은 타오르는데
잠 못 이룬 영령들.

궁사가 시위 당겨도
과녁을 비켜가네.

잠에서
깨어났으면,
제자리를 지켰으면.

태국인 노동자

가무잡잡 젊은이가
만능 재주 다 부린다.
다리 난간 용접으로
새롭게 내는 길
보아도
믿음직하다,
건설 현장 일등공신.

처마 아래 거적 치고
야전 침대 벌벌 떨며
라면 끓여 몸을 풀고
찬 물에 손을 씻는다.
입에서
김을 내뿜는다.
시린 손을 녹이려고.

한 달 내내 일을 해도
80만원 고작이다.
그나마 체불이 되어
발목 잡아 못 떠난다.

두렵다,
한국 사람이라고
어디 가서 말을 할까.

살기 좋은 금남 축산마을

청룡 백호 양 나래
포근히 안긴 마을

황소가 누운 형국
앞산에서 새김질하네.

그 새로
실개천이 흘러
인심 또한 넉넉하다.

후원에는 죽림 병풍
학마을에는 백학의 춤

존경하고 사랑하며
남을 위해 배려하니

그 또한
으뜸일러라,
살기좋은 금남 마을.

세월의 흔적

백봉(白峰)이라 그 이름
친근한 반세기네.

백봉교(白峰校) 그 옛터에
잡풀만 무성하네.

친구야
그대 수야, 희야,
천국에 간 친구야.

6월에 우리 모였네.
백발이 성성하네.

나이테를 셀 수 없는
인생무상 실감나네.

오늘도
그대 복아, 자야,
그리움으로 부른다.

한묵회 축제에 붙여
― 창립 27년을 자축하며

여럿이 힘을 모아
감동 엮은 한묵회.

필력과 뜻이 달라도
가는 길이 하나여서

27년
오로지 한 길
한밭벌을 밝힌다.

선으로 씨줄 삼고
색으로 날줄 삼아

우리가 사는 세상
가꾸는 아름다움.

나침반
바늘이 되어
예술 지향 찾는다.

그림자
— 고마운 친구에게

발자국 옮길 때 그대가 힘이 된다.
운명을 개척하는 굽이굽이 험한 길
희망의 물결을 따라 소용돌이 힘차다.

해방도 잠시 잠간 동족 수난 끝이 없다.
아린 겨울 찬 바람이 가슴을 얼리던 날
맨발로 걸어온 발길 자국마다 사무친다.

달구지 짐을 풀어 둥지 틀은 새터민
봄볕이 쏟아지는 청보리 맺을 무렵
백봉골 유년 시절을 봄날에사 다시 간다.

보리 개떡 찐 고구마 품 안에 안고 와서
불러내어 내민 손길 다지던 둘의 우정
해맑게 흘러 넘쳐서 샘물처럼 웃었다.

청원군 부용면 산수리
― 김학순 선생 추모사

바람도 자는 12월
가랑잎 길 산 마루

별빛 홀로 고적한데
울음 터진 마음들

선생은
먼 길 가셨지만
가슴마다 남습니다.

달구지에 가난 싣고
별빛 보며 달빛 밝혀

부지런한 근로정신
효도하는 자세로

오로지
화목한 가정
남긴 언행 밝습니다.

삼라만상 세상살이
바른 행실 가르치신

72세 아쉬운 삶
복 받고 행복하여

선생의
걸어오신 길이
등불처럼 환합니다.

새벽종

초가지붕 개량하여
스레트로 갈아치웠다.

유선 방송 신기하게
세상사가 들어 있다.

등잔 불 심지 돋우어
마음들을 엮었다.

하늘에서 불이 번쩍
온 동네가 환해졌다.

통일벼 자라나서
보릿고개 잠재웠다.

땀방울 적셔가면서
나라 위해 힘썼다.

최익현 사당
― 우묵 저수지에서

푸른 산, 파란 하늘에도
가슴이 꽉 막히네.

물고기가 정상에서
구름 따라 노니는데

두둥실 나들이간다.
일본 땅이 보인다.

백봉학교
― 왕철수 선생님께

인성 교육 마치시고 초임으로 오신 자리
백봉학교 6학년 담임으로 빛내셨다.
왕철수, 성함 석자에 물이 오른 학생들.

총각 처녀 진한 농담 건네다 토라져서
울어야 끝이 나고 처녀 선생 풍금 잘 쳐
조성명, 문학 한다고 노랫말을 지었다.

그림을 잘 그려서 미술대회 상을 탔네.
사제간 일등 하여 소문 또한 높았지.
한평생, 붓질 연주로 화단을 빛내셨다.

좋은 직분 마다하고 외줄 타기 얼마던가
고집으로 보낸 세월 병이 들어 인생 칠십
화첩을 고이 접어서 하늘문을 여셨다.

* 조성명 박영례 이상경 이명진 김기광 한영필 임형근 정인숙 김경자 정암자 김영자 이경복 등이 같은 반이었다.

큰손으로 베푸시는
― 연당 송향연 사장님께

어둠을 물리치는 먼동 튼 이른 아침
연당의 식솔들이 향연장에 모였다.
웃음꽃 가득한 하루
세상 근심 멀리 있다.

한밭 벌의 청정유성에 연당이 터를 잡아
청량하고 맑은 물 퍼 올려 목 축이네.
메마른 이 세상에서
자선 또한 아름답다.

받은 은혜 천냥 빚, 말로나 다 갚을까
처진 어깨 추켜올려 푸른 하늘 바라보네
연당에 바칩니다.
그림 되고 시가 되어.

낙과

많이도 달렸구나
그 숱한 열매들

옆 가지 흔들어
떨어지는 결실들

병 들어
땡감도 되기 전에
제멋대로 구른다.

과수원집 주인이야
소상히 알고 있다.

홍시 되는 순간까지
까치밥 저 희생

봉사로
나눔의 정신
저 하늘에 넘친다.

연화사 자비원

연화사 부처님은
슬픔을 달랜다.

눈물을 닦아내는
무상한 인생길

쉼터에
둥지를 틀어
동학 물을 마신다.

정관 스님 보살핌에
수명을 이어간다.

한스럽게 가신 영가
명복 비는 촛불들

황혼의
길목에 서서
다시 보는 자비원.

단상

제5부
시골버스와 노인들

금강원

　금강원은 정관 스님이 건립한 노인 요양 시설이다. 충남 공주시 우성면 죽당리에 신설하여 노인들의 안식처가 되어 많은 분들이 안락하게 지낸다. 가족이 있어도 보호를 받지 못하는 무의탁 노인, 각종 질병으로 가정에서 수발을 하기 힘든 노인들을 모셔 단기간 또는 장기간 편안하게 모신다. 이곳 금강원 노인 요양 시설에 의탁할 수 있는 노인들은 그야말로 축복받은 분들이다.

　금강원은 공주시 버스터미널에서 청양 방면으로 오다가 공수원에서 좌회전을 하여 승용차로 약 20여 분 거리에 있다. 500미터 전방에는 금강이 유유히 흐르고, 뒤로는 사마산이 웅장하게 금강원을 품어 안고, 주변의 산들은 이 터전을 향하여 뿌리를 내려 산의 정기와 강의 청량함을 함께 맛볼 수 있다.

　천혜의 대지에 정관 스님은 노인요양 시설을 펴서 불철주야로 노인들을 위하여 몸 바쳐 일하신다. 이는 하늘이 주신 사명이며 하늘이 내리신 분이다. 노인들에게는 어버이 같기도 하고, 형제 같기도 하여 모두 한 가족처럼 지낸다.

　원장으로서의 공무는 물론이고, 새벽에 기상하여 먹거리를 구입하고, 직원들 출퇴근을 시키며, 노인들의 수발까지 들고, 청소년 수련관의 총수로서 청소년의 올바른 길로 지도 육성하신다. 나아가 지역 주민의 심신 수련장으로 복지 시설을 제공하여, 문화 예술의 발전과 건전한 정신 함양을 위해 봉사하신다. 이런 일을 하기 위해서는 육체적인 어려움도 감내하기 힘들겠지만, 정신적 어려움도 많을 것이지만, 특히 가족들을 맡겨 놓고 나 몰라라 하는 사람들 때문에 충격을 받는 것 같다.

금강원의 김병주 사무장은 첫 새벽부터 밤늦게까지 노인들을 위해 몸을 던져 일하시는데, 다재다능하여 혼자서 3~4역을 맡으신다. 좋은 인품과 따뜻한 마음, 그리고 천성적으로 타고 나신 분이시며, 애써 일하시는 일을 도와드리고 싶지만, 큰 힘이 되어 드리지 못하여 미안할 뿐이고, 여러 일을 처리함에 있어 공평무사하시어서 늘 감사하게 생각한다.

오늘을 사는 노인들은 일제 강점기와 6·25 동란을 겪고, 폐허의 땅에서 이 나라를 재건하신 어른들이시다. 어려운 시절에 열심히 일하셨고, 아들과 딸을 많이 낳아 교육시켜 국가사회에 이바지하신 분들이다. 이 곳 금강원에 계신 노인들은 규칙적인 생활, 음식 조절, 운동으로 몸을 단련하기 때문에 쾌적한 일상을 보낸다. 따뜻한 난방, 쾌적한 실내 환경으로 인하여 병을 갖고 오셨던 분들도 자연스럽게 건강을 되찾기도 한다.

금강산 바라보니 경치가 좋구요

살림살이 돌아보니 근심도 많다.
앞산에 진달래는 다시 피건만
북망 산천 가신 님은 언제나 오나.

가끔, 심신이 편안한 노인들은 구성진 음성으로 소리를 뽑기도 한다. 어려웠던 지난 날이 그러했기에 애환을 달래는 듯도 싶지만, 기저귀를 차고 앉아 부르는 소리는 애달프기도 하다. 한 옆에서는 토드락 토드락 실랑이를 하기도 한다. 아무 의미도 없고, 특별한 감정도 없는 다툼이라서 재미가 있다. 이것이 삶의 모습이 아닌가 싶다. 이렇게 하루는 지나가고 또 내일이 오고, 희로애락의 연륜이 교차된다.

이곳 금강원 노인들은 말년의 안식처요, 안락한 죽음을 맞이하는 쉼터이기도 하다. 궂은일을 마다하지 않고 노인들의 수발을 드는 분들에게 감사한 마음으로 박수를 보낸다. 동시에 금강원 할아버지와 할머니들의 무병장수를 빈다.

국궁(國弓, 활)

　우리 인류는 원시 수렵시대부터 목궁을 사용해, 생활수단으로 짐승을 사냥하고 외적을 방어하며 물리치는 무기도 되었다. 삼국시대 고구려부터 각궁을 발명하였고, 자연 속에서 구할 수 있는 소재로 만들어졌으며, 활은 전쟁무기로도 각광을 받았다. 호국 강병을 양성하기 위해 활쏘기를 권장했지만, 문무백관 지도층 계급인 선비들이 심신단련과 인격도야의 방편으로도 활용되었다.
　요즘 우리 사회에서 골프를 즐기듯이 옛 선비들은 활쏘기를 즐겼던 것이다. 활은 삼국시대 삼한을 통일하는데, 그리고 임진왜란에 일본군을 물리치는 데에도 활이 주무기였다. 이와 같이 활은 우리 민족과 함께 역사와 함께 나라를 지킨 국궁이었다.
　조상들의 슬기와 얼이 담긴 전통적 스포츠가 계승 발전하여 지금은 전국 궁도장이 340여 곳 궁도인도 3만여 명이 된다. 활 제작소도 수십 곳, 각궁과 개량궁을 만드는데 질적으로나 기술면에서 으뜸이며 명궁들도 속출하여 젊은 층에서도 궁도 인구가 늘어나고 있어 바람직하다.
　남녀노소 누구나 할 수 있고, 노약자라도 맞춤형 활과 화살이 있어 한두 달만 연습하여도 145m의 거리를 통과하여 관중도 할 수 있으며, 상대가 없어도 혼자서 할 수 있고, 저렴한 비용으로 심신을 수련할 수 있으니 최적의 생활 스포츠이다.

오늘날 세계를 제패하는 양궁은 궁도인들이 외국에서 들여와 국내서 보급시킨 것이다. 우리 국궁도 동남아를 시작으로 사범을 파견하여 지도 육성함으로 태권도와 양궁과 같이 세계적인 스포츠로 발돋움 할 수 있도록 궁도협회와 국가에서 지원하고 육성하여 궁도인들이 많이 배출되어 아세안게임을 개최하고, 점차 세계올림픽까지 할 수 있는 동남아 각국에 국궁교실을 열어 궁도인을 양성할 필요가 있다.

최고의 활을 만드는 기술, 많은 궁도사범 등 풍족한 자원을 활용 못하는 일들이 참으로 아쉽다. 우리 것은 소중한 것이다. 수출하여 국위선양에도 기여하도록 우리 모두는 뜻 모아 세계화 되기를 기대해본다.

대추나무 사랑 걸렸네
— 9월 3일

 호암리 이장 부인의 생일날이었다. 남편과 자식들이 생일날을 잊고 지나는 판국이었다. 아침부터 부인은 시무룩한 표정을 하고 있었지만 남편은 오히려 부인의 불편한 표정을 탓하며 심부름을 시키고 꾸중을 한다. 부인은 반항적으로 나가며 누워서 자기의 생일을 아무도 생각 못하고 미역국은커녕 하루를 굶고 끝내는 마을 구판장서 소주를 마시게 된다. 그러나 그 가정이 문제의 가정은 아니고 많은 식구들 중 한 사람도 기억하지 못한 것이 화근이었다.

 그런가하면 과수원집에는 덕보 노인의 친구가 찾아와, 덕보 노인에게 어제가 내 생일인데 어느 자식놈 하나 찾아오지 않고 나 혼자 라면을 끓여먹었지만, 이런 때 자식놈의 목소리라도 들어보려고 전화기 옆을 떠나지 않고 기다렸지만, 전화도 없다며 노여운 마음을 덕보 친구에게 토로하였고, 독거 노인은 눈물을 글썽이며 자기의 처지를 슬퍼하였다.

　　선행의 덕은 부귀가
　　당장, 아니 와도

재앙은 점점 물러나고
자손 창생 아니 올까.

그 진리 지키며 살아
하늘 문을 세우자.

  스토리가 진행하는 동안 이장은 자기부인의 생일임을 알고 식구들은 한밤에 케익을 준비하여 촛불을 밝히고 진심으로 미안함을 빌며 끝이 났다. 우연도 이럴 수가 9월 3일, Y는 이런 장면을 통하여 오늘날의 현실임을 실감하며 Y도 뒷목이 당기도록 슬펐다.
  천륜의 인연마저 멀어져 가는 이때 가진 것이 많아야 좋은 부모 대접받는 사회인이 된다. 황금만능주의가 그릇된 사회악을 만들고, 이른바 바르게 살라 정직하게 살라 남을 먼저 배려하라, 이렇게 살았다간 무능하고 손해 보는 현 사회이며, 내 이익을 구하기 위해서는 불의와 타협하고, 그것이 폭력일지라도 많은 것을 소유하는 것이 양반인 세상이다.
  남을 먼저 생각하고 정도를 걸어왔다고 생각하는 자는 인정받지 못하고 낙오되는 듯하다.

시골버스와 노인들

오동을 출발하여 아침 9시 공주 구 터미널까지 가는 버스가 있다. 공수원부터는 2차선이어서 많은 차들이 쌩쌩 잘도 달린다. 얼마 안 가서 보흥리 마을길로 접어들면, 뱀사(巳)자로 꼬불꼬불한 농로인데, 각 부락을 거쳐 대성리를 지나 우성에 도착하면, 차 안에는 노인들만 꽉 찬다. 4차선으로 가는가 하면 다시 상서리로 들어서도 승강장마다 노인들이다. 대게 안 노인들이 승차한다. 연미 고개 넘어 4차선이 나온다. 차선을 번갈어 밟으며 입추에 여지없이 50여분 오는 동안 차안은 난장판이 된다.

장보따리, 몸을 가누지 못해 지르는 아우성, 그런가 하면 앞집 송아지 낳은 애기, 자식자랑, 농사 못 지겠다, 어느병원 가느냐, 서로 오고 가는 말에 자연스럽게 7-80세로 나이가 밝혀지고 호적이 드러난다. 공주 종점에 도착하면 노인들은 병원으로 간다. 장보따리 다 털어 팔아야 2-3만원, 그리고 장을 보다 점심도 거르고 돌아갈 버스를 기다린다. 장국밥 한 그릇이 간절하지만 돈 아까워서 집에 가 저녁을 먹는다. 절약하는 마음이 몸에 밴 탓일까.

젊어서부터 70평생 고생하며 자식들을 대처에 보내 잘되

길 바라며 뒷바라지 하였는데, 남은 것은 늙은 몸 병뿐이다. 그래도 정든 이웃이 좋아 애써 일군 땅과 집을 지키며 독거로 사는 농촌 실정, 우리가 죽으면 누가 지킬 것인가.

1930-40년대 어려웠던 시절에는 점심을 건너뛰고 조반석죽도 변변치 않아 그 당시 인사말은 "진지 잡수셨어유?"였다. 얼마나 먹는 것이 중했으면 인사말이 "진지 잡수셨어유?"였을까를 생각하면 가슴이 아린다.

나는 노인 복지시설에서 할아버님 할머니들을 돌본다. 뼈와 가죽만 남은 왜소한 체구에 침대에 누워 생리적 문제도 도우미의 힘으로 해결해야 한다. 노인들은 어려웠던 시대, 이 나라를 일으킨 역군들이었다. 못 먹고, 헐벗고, 허리띠 졸라매고 일하며, 교육시키고, 근검절약하여 오늘에 이르렀다. 노인들은 나라를 잘살게 하는 초석이었다. 온몸을 던져 살아오느라 노후를 돌볼 여념이 없어 노후대책도 못했다.

요새 젊은이들은 어려웠던 지난날 이야기를 하면, 전설의 고향 같은 드라마로 여긴다. 지금에 사는 사람들은 공무원 회사원 자영업 노후 대책도 생각한다. 할아버지 아버지 어머니가 차려 놓은 밥상에 숟가락만 얹으면 되는 격이다. 이런 걸 알까 모를까.

일본 강점기, 6·25동족 상잔, 사람을 끌어가고 죽이고, 다 빼앗아 가고, 집은 폭파되고, 폐허가 된 나라, 가난만 남아 살아온 노인들을 자식들은 모른다. 늙고 병들어 짚불같이 쓰러져가는 노인들은 바로 이 시대를 준비하신 승리자이므로 박수를 보내야 한다.

지금은 얼마나 잘사는지 집집이 방마다 TV, 전화, 노인들도 핸드폰으로 버스 안에서도 초등학교 손자와 통화를 한다. 쌀밥 고깃국은 생일날도 못 먹었는데 이제는 지천이다.

옛날에 헌 옷은 새 옷 입기가 소원이었는데, 오늘날 젊은이들은 새 옷을 찢어서 헌옷을 만들어 멋으로 입는다. 배꼽을 내놓고, 육체를 드러내놓는 것을 매력으로 보여주는 이 시대, 물질 만능시대인 양 도의적으로 부도덕한 것은 사람 사는 모습이 아닌 듯 싶다.

이 시대를 사는 노인들은 10여년 후면 모든 것 내려놓으시고, 산 증인은 역사적으로 묻히고, 그때 그 시절을 누가 말해줄 건가. 젊은이들이시여, 노인들에게 존경과 감사를 드리는 것도 아름다운 미풍양속이다.

빼앗긴 내 친구

나는 내 친구를 어느 날 K에게 내주었다. 너를 내놓지 않으면 마음이 편치 않기 때문에 내놓기로 결심하였다. 그리고 모든 것을 잊으려고 마음먹었다. 내 손때가 묻었고, 마음의 고향이고 친구였다. 늦은 봄이면 황백색 머리를 풀어 헤치고 야수적인 강한 정욕을 내뿜는 호탕한 남성적 친구였다.

달콤한 꿀도 지니고 있어 벌 나비를 맞이하는 착한 면도 있다. 황백색 머리가 시들면 까칠한 송이가 맺어 가을이면 선홍 진주 빛같이 고운 열매가 나를 보고 해죽이 이빨을 보이며 웃어주기에 내 마음은 알차고 풍요롭게 해주는 친구였다.

아무도 살지 않는 계곡 일만 평의 대지, 일천의 친구들이 바람과 함께 춤추며 새들의 곡조 따라 노래 부르고 고적하지만 자리를 뜨지 않고 일편단심 약속만을 중요시하는 친구, 그러나 나는 약속을 저버렸다. 그 약속은 항상 너와 함께 생사고락을 같이하며 주는 것만큼 내게 주기로 한 약속이다. 그러나 마음은 너에게 있는 것, 마음에 아픔이 있어도 내 마음을 다 헤아리기에 더욱 사랑한다.

대견한 것들아

나에게 받은 은공

새 주인 K에게
충성을 다하여라.

할말은
이 말뿐이다.

내 사랑
나의 친구들.

  머리에 맴도는 추억들을 즐거움으로 간직하며 마음이 울적하거나 즐거울 때도 너를 찾아 고백하며 위로 받고 싶었지만 상대가 상대니만큼 찾아가지 않을 것으로 마음을 바꾸었다. 따뜻한 온돌방에 등을 지지며 문풍지 황소바람 막으며 화롯불 군밤은 네가 준 선물이 아니더냐. 나는 떠나지마는 마음마저 가겠느냐.

  백년 언약을 하였지만 너를 빼앗긴 마음인들 오죽하랴마는 시누이 올케 사이의 거래를 본 적도 들은 적도 없지만 또 내가 책임질 의무도 아니지만, 양가의 화목을 위해 대물로 해결사로 너희들을 보냈다. 그런데 화목은커녕 불쾌한 높은 장벽을 쌓아야 했다. 못생긴 남정네라 내준 것이 잘못이지. 노여워한들 후회한들 무엇하겠느냐.

  벌통에 불을 지르고 남은 땅도 제 것이라 할 수 없을까. 생각한 사람들이 하나님 말씀도 부모님 말씀도 헛되고 헛되니 통곡한다. 웬만해야 벗을 하지, 아리고 쓰린 마음 맹세로 다짐을 한다.

 좋아하고 사랑하는 친구들아 창대하여라. 이제 새 주인을 맞이하였으니 더 없는 영광으로 생각하며 모든 진실됨을 보여 주려무나. 너희 둘에게 사랑과 물질의 보살핌이 나와 견줄 바가 있겠느냐. 이제 다 성장하여 네 몫을 다할 수 있으니 새 주인께 귀여움을 받을 거야.

 너희들 홀쭉한 키, 웅장한 모습, 또 자연의 대지에 뿌려진 검붉은 알들을 바라보며 또 환호하여 소리쳐 달려들 거야. 사랑하는 친구들아, 하늘 높이는 구만리 땅, 넓이는 삼천리, 마음껏 기상을 펴라. 네 곁을 떠나지마는 정만은 두고 가련다.

 육아 일지를 써가며, 자라나는 모습을 바라보며, 배가 고플까, 병이 날까, 그야말로 금지옥엽 키웠지만 옆자리에 너희들 형제가 빠져있고, 또 제대로 자라지 못한 형제를 볼 때 마음이 아프고 후회가 되었단다.

이대로 좋아

 이대로 편안한 마음 좋아, 내가 좀 힘들면 남들이 좋아하니까. 이런 것이 진짜 행복이다. 좀 손해보는 듯하면 오히려 풍요롭고 만족하니까. 남들이 좋으면 나도 좋으니, 이것이 내 삶이겠지.
 남들이 보고 멍청이 등신이라 하려나. 아니지, 내 천성이니 세상 끝이 나는 날까지, 태어난 대로 사는 거야.
 돈 많아도 이상하게 사는 사람 불쌍해서 어떻게 하나. 7-80㎞ 다 낡은 엔진 바람 빠진 바퀴 어쩔거나. 그러나 그 사람은 참 좋아서 입에서 입으로 전해지면 죽어도 부끄럽지 않을까.
 그렇지만 차 한 잔 못 사고 염낭이 비었으니, 사람치레 못하나, 천량 빚으로 갚아야지. 신세는 지더라도 손해 끼치지 말고 받은 은혜 잊지 말아야지. 태산같이 베풀고 싶은 마음 은덕으로 살면서, 문방사우 벗을 삼아 그림을 그리고 시를 배우고 활을 쏘며 멋스럽게 사니 백만장자가 부러울 건가.
 국가와 사회에 감사하고, 모든 분들께 고마울 뿐, 그 은혜를 봉사로 하면서 만족할 줄 아는 삶을 살련다. 늘 감사하는 마음으로 입 버릇되어 인사말로 하리라.

한심한 세상

　언제부터 이렇게 되었나? 남을 위해 배려하는 마음이 손톱 만큼도 없구나. 오로지 이기는 것을 목표로 무지막지하게 밀어붙이고, 공중도덕도 양심도 일방적으로 자기의 이익만을 추구하는구나.
　텔레비전을 보면 재미있다고나 할까. 밀고 당기고 던지고 승자는 없다. 대표를 뽑아 보낸 사람들은 떼거지가 되었다. 가화만사성이라 했는데, 뒷덜미 잡기만 일삼고, 전 세계 관람객에게 부끄럽고 세상사가 걱정된다. 밖에서는 머리띠 두르고 팻말을 추켜들고 거리에 나와 잘났다고 외쳐대며 죽고 다치고 끌려가고, 보상하라 배상하라 사법처리하라 생산은 중단되고 국력은 소모되니, 뭉쳐도 힘든 판에 해도 해도 너무 한다. 바른길은 비키고 골목길로 접어드니 어느 곳으로 갈 것인가. 험한 세상 한심한 나라, 억억하다. 헉헉하지 말고 남들을 이롭게 하면 내가 잘 되고 내 밥그릇 나누어 먹으면 서로가 잘 살 것을 대박을 꿈꾸다 자빠지면 119도 안 부른다.
　텔레비전은 놀이판이다. 부정한 광고판이다. 처자식은 물어 빨고 노인들은 물러나고 4대강 개발하여 실업자를 줄인다고 일할 사람 어디 있나. 외국사람 불러들여 외한은행 될 것을 강 건너 불구경하다 허기져 죽을 이름이여.

하느님이 내려다보고 있는 것이 안 보이는지, 기근과 질병, 불로써 지구는 새 세상을 열 것이다.

태극기 사랑

 하얀 바탕에 청홍의 태극은 건삼련, 곤삼절, 감중련, 리허중, 주역의 원리로 하늘과 땅, 음양, 천지 현황을 의미하는 것이다. 전 세계 나라마다 국기는 있지만, 대한민국의 태극기야말로 아름답고 의미 있고 얼른 눈에 뜨이는 해맑은 모양의 기는 없다. 세계 어느 나라 기보다 위대하고 아름답다.
 보름달이 떴을 때 대야에 물을 담아 거울을 가라앉히면 청홍의 태극 모양이 나타난다. 이렇게 신비롭다. 태극기는 사람이 제작했다지만 하늘이 점지해 주어 우주 만물이 그 안에 살아 숨쉬고 있다.
 일본의 압박과 설움에서도 태극기는 보존하기 위해 땅에 묻고 천장을 뚫고 감추어 두었었다. 3·1운동 만세 일제히 나타난 태극기 군중의 함성이야 말로 태극 깃발의 힘이다.
 슬플 때는 조기, 좋을 때는 승리의 깃발로 우리의 맥박과 가슴에 뛰고 숨 쉬었다. 조상들은 태극기를 분신같이 소중히 생각했고, 게양하거나 하기를 할 때, 비 맞을까, 때 묻을까, 잘 접어 국기함에 넣어 높은 곳에 보관하여 두었다.
 그런데 근래에는 보자기 취급하고 휴지조각으로 여긴다. 국경일에도 아파트에 몇 세대만이 게양되었고 관공서에서도 게양을 안 한 곳이 있으니 참으로 안타깝다.

국경일이 제정되기까지는 많은 국민이 희생되고, 피나는 노력과 연구로 이루어졌으며, 국기를 중히 생각하고 게양함으로 국민적 일체감 하나로 뭉쳐 웅비하는 민족적 모습은 애국심이 바로 태극기를 소중히 여기고 게양하는 데에서 발생하는 것이다.

태극기와 무궁화는 곧 국가이고 국민인데, 잘 보관하고 심고 가꾸어 국가 기강을 확립하고 자손 만대 나라 사랑 정신을 계승 발전해야 한다.

무궁화 사랑

　무궁화가 대한민국 꽃이라는 두말할 것도 없다. 우리 꽃에 대한 관심이 너무 없기 때문에 하는 말이다. 무궁화는 역사적으로 우리 민족과 늘 함께 했고 국민들 의식 속에서도 나라꽃으로 자리 잡고 있었지만, 최근에는 쉽게 볼 수 없고, 더러 풀섶에서 보이는 모양은 초라하여 보는 이로 하여금 부끄럽게 한다. 잡초 속의 무궁화가 안타깝다.
　여름부터 담자색 담홍색으로 피기 시작하여, 피고 지고, 또 피고 무궁무진 마치 우리 민족의 끈질긴 민족성인 것이다. 흰꽃도 있지만 형형색색 다양한 꽃으로 현재 그대로가 좋다. 상품이 아니고 민족의 꽃이기 때문이다.
　어른들 쫓아 잊어가는 나라꽃 보존하고 보급 홍보하여 사랑하여 애국정신과 국민적 일체감을 일깨워 줘야 한다.
　그런데 무궁화는 외면당하고 언제부터인가 벚꽃이 대중화로 되었다. 전국 어디서나 벚꽃축제로 야단법석이고 아파트 단지 관공서까지 벚나무를 심는다. 사쿠라(벚꽃, 일본꽃)꽃은 잠시 볼거리에 불과하고 일본국화다. 남의 꽃을 보고 축제 행사를 한다.
　우리의 얼, 민족의 꽃, 무궁화 동산을 조성하여 축제를 하고 애국정신을 고취해 자라나는 청소년 가슴에 나라꽃 사랑을 심어줘야 한다. 우리 국민 모두 무궁화를 사랑하기를 소망한다.

장례식 문화 바꿔야 해

 사람은 만물의 영장이라 하지만, 생노병사는 누구나 피할 수 없으며 태어나서 살다가 죽는 것은 자연의 순리요 철칙인 것이다. 망자는 유가족에 의하여 장례를 치르게 된다.
 각 나라마다 장례 문화가 다르겠지만 대개는 화장이나 매장을 한다고 본다. 지구상 어느 나라인가는 죽은 시체를 산야에 버려 새와 짐승의 밥이 되게 하는 나라도 있다고 한다.
 풍수지리 명당을 찾아 고인의 명복과 자손들의 부귀 발복을 바라며, 호화분묘를 조성하여 지탄을 받거나 법의 제지를 받는 일도 많다.
 그런가 하면 세계적인 인물 등소평은 본인의 의사에 따라 화장을 함으로 장례문화를 바꾸는데 획기적인 모범을 보였다. 우리나라의 SK 최종현 회장도 그러한 유언을 남겼다. 그로 인하여 이제 새로운 변화가 있으리라 본다.
 풍수지리학상 산세와 물 흐름에 따라 그 정기가 살아있어 그 자리에 묘를 쓰거나 집을 지으면 정기를 받아 자손도 번창하고 부귀영화를 누린다고 한다.
 그러나 전국토가 개발로 준령태산의 허리가 끊기고, 목이

잘리고, 물 흐름을 막아 돌리고 땅속 깊이 교각을 박아 혈맥이 끊어졌는데 어찌 명당이라 하겠는가.

 현시대를 사는 우리 모두는 풍수지리설만 중요시하지 말고 장례 문화를 바꾸어야 한다. 매장하여 봉분 장례만을 고집한다면, 앞으로 산은 온통 훼손되고 멀지 않아 산야는 산소로 몸살을 앓고 험집을 낳게 되며 그 피해는 우리 후손에게 돌아갈 것이다.

 최근 가족 납골당이라하여 마을 가까이 시설되는 것을 본다. 그 비용만도 수천만 원이 든다고 한다. 이는 돌아가신 부모님을 편이 모시는 시설이라고 할런지도 모르지만, 습기가 차면 벌레가 생긴다. 유골에 벌레가 득실거리면 보기 좋을 리 없다. 그렇다고 독한 살충제를 뿌릴 수 있을는지! 벌레도 살충제도 마음 아픈 일이다. 시설 자체가 바람직하지 않다. 왠지 섬짓한 마음이 들어 자손은 찾아 가지 않을 것이다. 세월이 지나면 납골당이야말로 애물단지가 될 것이다.

 요즈음 수목장이란 말을 자주 듣게 된다. 화장한 골분을 나무 밑에 묻으면 수목도 잘 자라 공생하는 것이며 영혼도 하늘에서 기뻐할 것이다. 한줌의 흙으로 돌아간 육체가 청정한 대 자연에서 자유로 호흡하면서 훨훨 날 것이다. 납골당 숨 막히는 좁은 공간에서 벌레의 밥이 되어 망자나 생자가 고통받는 일이 되어선 안 되겠다.

 오래된 공원묘지는 파묘하여 수목장 묘지로 바꾸는 것이 바람직하다. 생전에 좋아하던 수목을 택하여 심는다면 각종 수목이 어우러져 조상님들의 안식처요 자손들의 휴양림이

될 수 있다.

  전국 처처에 공동묘지를 수목장으로 조성한다면 이곳이 곧 명당이며 가족 동반하여 성묘도 하고 자연도 살려 여러모로 좋은 일이 될 것이다. 국가정책적으로도 또 국민 모두가 수목장을 장려하여 장례문화를 바꿀 필요가 있다.

  조상님들을 봉분하여 산소에 잘 모셔놓고 해마다 금초하고 성묘를 한다. 그러나 생활에 따라 경향 각처에서 바쁘게 살다보면 일 년 한번 금초도 못하고 그 어느 날 친인척이 금초를 하게 된다. 금초도 성묘도 못하면 친척 간 의리만 상하게 된다. 자기는 자손이 아닌가, 누구는 안 바쁜가, 하면서 조상들 모셔놓고 원성만 남게 된다.

  나중에는 아무도 돌보지 않아 묵 묘가 되고, 실묘 지경에 이른다. 이것이 오늘의 현실이다.

  그럴 바에야 화장하여 수목장을 하는 것이 바람직하다.

  나는 유교문화를 교육받은 사람이다. 관혼상례법을 철저히 지켜 살았지만 산업근대화와 외래문화에 밀려 미풍양속을 고집하기는 너무 독선이기에 시류에 따라 살기로 다짐하면서 수목장을 하는 것이 현실에 부합된다고 본다.

감자꽃 필 무렵

ⓒ한영필. 2009

발 행 일 | 2009년 4월 2일

지 은 이 | 한영필
발 행 인 | 李憲錫
발 행 처 | 오늘의문학사
출판등록 | 제55호(1993년 6월 23일)

주   소 | 대전광역시 동구 삼성1동 125-6 한밭오피스텔 401호
전화번호 | (042)624-2980
팩   스 | (042)628-2983
홈페이지 | http://www.lito77.co.kr(홈페이지)
전자우편 | hs2980@hanmail.net

ISBN 978-89-5669-317-0
값 7,000원

* 잘못된 책은 바꾸어 드립니다.